EL ARCE

David M. Schwartz, galardonado autor de libros infantiles, ha escrito libros sobre diversas materias que han deleitado a niños de todo el mundo. El amplio conocimiento de las ciencias y el sentido artístico de Dwight Kuhn se combinan para producir fotografías que captan las maravillas de la naturaleza.

David M. Schwartz is an award-winning author of children's books, on a wide variety of topics, loved by children around the world. Dwight Kuhn's scientific expertise and artful eye work together with the camera to capture the awesome wonder of the natural world.

Please visit our web site at: www.garethstevens.com
For a free color catalog describing Gareth Stevens Publishing's list of high-quality books and multimedia programs, call 1-800-542-2595. Gareth Stevens Publishing's Fax: (414) 332-3567.

Library of Congress Cataloging-in-Publication Data

Schwartz, David M.
    [Maple tree. Spanish]
    El arce / David M. Schwartz; fotografías de Dwight Kuhn; [Spanish translation, Guillermo Gutiérrez and Tatiana Acosta]. — North American ed.
       p. cm. — (Ciclos de vida)
    Includes bibliographical references and index.
    Summary: Describes the changes in a maple tree from spring through winter.
    ISBN 0-8368-2990-5 (lib. bdg.)
    1. Maple—Life cycles—Juvenile literature. [1. Maple. 2. Trees. 3. Spanish language materials.] I. Kuhn, Dwight, ill. II. Title.
QK495.A17S3818   2001
583'.78—dc21
                                       2001042694

This North American edition first published in 2001 by
Gareth Stevens Publishing
A World Almanac Education Group Company
330 West Olive Street, Suite 100
Milwaukee, WI 53212 USA

Also published as *Maple Tree* in 2001 by Gareth Stevens, Inc.
First published in the United States in 1999 by Creative Teaching Press, Inc., P.O. Box 2723, Huntington Beach, CA 92647-0723.
Text © 1999 by David M. Schwartz; photographs © 1999 by Dwight Kuhn. Additional end matter © 2001 by Gareth Stevens, Inc.

Gareth Stevens editor: Mary Dykstra
Gareth Stevens graphic design: Scott Krall and Tammy Gruenewald
Translators: Tatiana Acosta and Guillermo Gutiérrez
Additional end matter: Belén García-Alvarado

Printed in the United States of America

2 3 4 5 6 7 8 9 05 04 03 02

EL ARCE

David M. Schwartz
fotografías de Dwight Kuhn

TRAMPOLÍN A LA
CIENCIA

Gareth Stevens Publishing
A WORLD ALMANAC EDUCATION GROUP COMPANY

En el otoño, las hojas verdes de los arces se vuelven rojas, amarillas y anaranjadas. Si bien estos tonos intensos ya están en las hojas durante todo el verano, el verde los tapa. En el otoño, a medida que las hojas mueren, el verde desaparece y da paso a los otros colores. Luego, las hojas caen al suelo.

Los arces pasan todo
el invierno sin hojas.
Al principio de la
primavera, de las
puntas de las ramas
salen racimos de
yemas de un color
rojo intenso.

Estas yemas se abrirán para dar paso a pequeñas flores rojas. Fíjate bien y entenderás porqué llamamos arce rojo a este hermoso árbol.

Los arces tienen dos tipos de flores: masculinas y femeninas. Las flores masculinas tienen muchos tallitos llamados estambres. Cada estambre tiene en la punta un pequeño abultamiento llamado antera. Las anteras producen un polvillo amarillo llamado polen. Cuando el viento sopla, el polen se esparce entre las flores. Los insectos también transportan polen cuando van de una flor a otra a tomar el néctar.

Cuando el polen cae en una flor femenina, se pega a unos tallitos con forma de Y llamados estigmas y fertiliza la flor para formar nuevas semillas.

Cada flor femenina produce dos semillas. Alrededor de cada semillas se forma un fruto llamado sámara. Estos frutos no son comestibles. Son secos y duros y tienen, a cada lado, un ala que parece de papel.

En la primavera, cuando al arce le salen hojas nuevas, las sámaras empiezan a crecer. Para principios del verano, las sámaras cuelgan en racimos maduros. Entonces, el viento las desprende del árbol, y las sámaras caen al suelo girando con sus alas de papel, como pequeños helicópteros.

Si cae en tierra húmeda, una semilla de arce puede germinar en unos pocos días. Mientras una raíz crece dentro de la tierra, un tallo se abre paso hacia la superficie y levanta del suelo el ala de la sámara.

Poco después, el ala se desprende y se abren dos hojas llamadas hojas de la semilla. Luego se irán abriendo otras hojas. La semilla se ha convertido entonces en un brote.

Hojas nuevas comienzan a salir de una yema que está en la parte de arriba de la planta. Estas hojas salen siempre de dos en dos, una a cada lado del tallo. A medida que el brote va creciendo, van apareciendo muchas más hojas. En estas hojas se fabrica el alimento para toda la planta.

Pasarán muchos años antes de que el brote se convierta en un arce completamente desarrollado. A medida que el brote crece, su tronco se va haciendo más alto y más grueso. Del tronco salen ramas, de las ramas salen ramitas y de las ramitas salen hojas. En el otoño, cuando las hojas caen al suelo, quedan sólo yemas en las ramitas.

En la primavera, de las yemas brotarán
nuevas flores, semillas y hojas. Así
volverá a comenzar el ciclo de la vida
del arce.

¿Puedes poner en orden las siguientes etapas del ciclo de vida de un arce?

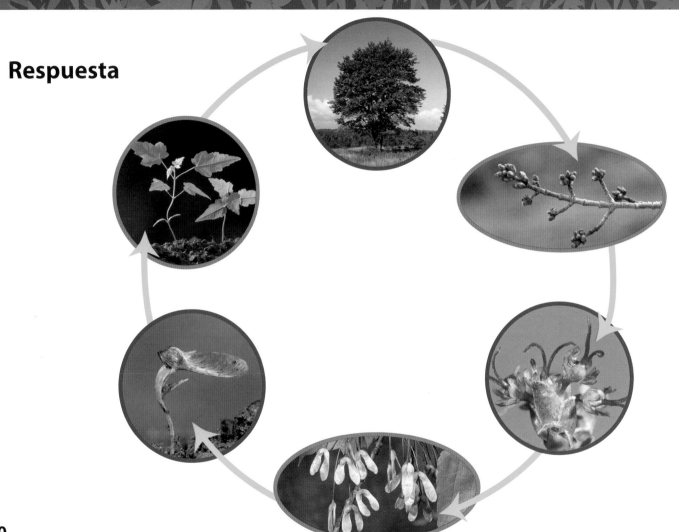

antera: pequeño abultamiento en la punta de los estambres de las flores, donde se produce y almacena el polen.

brote: planta joven que sale de una semilla.

estambre: tallo muy fino que termina en antera en las flores masculinas.

estigma: tallito con forma de Y de las flores femeninas, donde se deposita el polen que el viento o los insectos transportan para fertilizar una planta.

fertilizar: unir las células femeninas y masculinas para formar una planta o un animal nuevos.

hojas de la semilla: primer par de hojas que brota al germinar la semilla.

húmedo: ligeramente mojado.

néctar: líquido dulce que hay en las flores y que les gusta a muchos insectos y pájaros.

polen: polvillo amarillo que hay en las flores y que contiene las células masculinas de la planta.

racimo: grupo de cosas que crecen o están muy juntas.

sámara: fruto seco y duro de algunos árboles, entre ellos el arce, que tiene una especie de ala y que, por lo general, contiene sólo una semilla.

tono: matiz o gradación de un color.

yema: pequeño brote abultado y redondeado que sale en los tallos y las ramas, y que contiene flores u hojas que no se han desarrollado por completo.

Figuras de hojas

Recoge hojas de distintos árboles y ponlas entre toallas de papel o páginas de periódico. Luego, colócalas entre las páginas de un libro en el que quepan enteras. Cierra el libro con cuidado y ponle encima un objeto pesado. Después de varios días, las hojas estarán secas y planas. Úsalas para crear figuras, pegándolas sobre cartulina. ¿Qué personajes puedes crear?

Pásale el creyón

Coloca distintas hojas entre capas de papel de periódico. Toma una de las hojas y ponle encima un trozo de papel blanco. Sobre el papel, pasa un creyón para que se marquen el borde de la hoja y su red de venas. Haz lo mismo con las otras hojas. Usa los diseños que creaste para hacer tarjetas o para envolver regalos.

Un árbol para todas las estaciones

Busca un árbol que te guste y úsalo como tema de un álbum de recortes. Incluye fotos y dibujos del árbol en distintas épocas del año. Incluye también semillas que encuentres alrededor del árbol, hojas que hayas aplanado y secado o un dibujo del tronco que hayas hecho pasando un creyón sobre una hoja blanca. Escribe una "biografía" del árbol desde que era un brote.

En busca de las semillas aladas

Las semillas aladas o sámaras de los arces vuelan como pequeños helicópteros. Ve a un parque o a un jardín botánico y busca semillas aladas de otros árboles. ¿Se parecen las sámaras de otros árboles a las de este libro? Recoge muestras de todas las sámaras que veas. Organízalas e identifica de qué árboles son.

Más libros para leer

Árboles. Jason Cooper (Rourke Enterprises)
El árbol. Pascale de Bourgoing (Editorial SM)
El bosque. Barbara Taylor (Editorial Anaya)
El bosque en peligro. Boy Lornsen, Manfred Schluter (Editorial Noguer)
El gran capoquero, un cuento de la selva amazónica. Lynne Cherry (Harcourt Brace)
Las maravillas de la selva. Colección "I Can Read About" (Troll Publishing)
Los árboles. Sharon Gordon (Editorial Sitesa)
Salven mi selva. Monica Zak, Bengt-Arne Runnerstrom (Editorial Sitesa)

Páginas Web

http://www.indicedepaginas.com/lorca.htm

Algunas páginas Web no son permanentes. Puedes buscar otras páginas Web usando un buen buscador para localizar los siguientes temas: *arce, árboles, bosques* y *otoño.*

ÍNDICE